COME RIMORCHIARE IN OGNI OCCASIONE

ROMPI LE BARRIERE DELLA TIMIDEZZA E SÌ TE STESSO

"IL DON GIOVANNI"

Sommario

1. Introduzione
    - Definizione di approccio
    - Importanza dell'approccio nella vita Sociale e romantica

2. Prepararsi di approccio

    - Preparazione Mentale
    - Cura dell'aspetto esteriore
    - Identificare i propri punti di forza

3. Tecniche di approccio
    - Iniziare la conversazione: tecniche di apertura
    - Mostrare interesse: tecniche di ascolto attivo e domande mirate
    - Essere autentici: come mostrare la propria personalità
    - Essere sicuri di sé: tecniche per mostrare sicurezza e determinazione
    - Essere creativi: idee per un approccio originale e divertente

4.   Gestire il rifiuto
- Come affrontare il rifiuto
- Lavorare sulla propria autostima
- Trarre insegnamenti dal rifiuto per migliorarsi

5. Approccio online
- Approccio sui social network
- Approccio tramite app di incontri
- Come gestire l'approccio online in modo efficace e sicuro

6. Approccio in situazioni sociali specifiche
- Approccio in un bar o in un ristorante
- Approccio in una festa o in un evento
- Approccio in una situazione di lavoro o di studio

7. Conclusioni
- Sintesi delle tecniche di approccio
- Messaggio finale sulla fiducia in sé stessi e nell'approccio agli altri.

Prefazione

In un mondo sempre più interconnesso, l'abilità di saper approcciare gli altri è diventata un'importante competenza sociale e professionale. Che tu sia alla ricerca di nuove amicizie, di un potenziale partner romantico, o di un'opportunità di lavoro, l'approccio efficace può fare la differenza tra il successo e il fallimento.
Ma come si fa a fare un buon approccio? Ci sono delle tecniche specifiche da utilizzare? Questo libro è stato scritto per rispondere a queste domande e per fornire le migliori strategie e tecniche per un approccio efficace e gratificante.
In "Tecniche di approccio" troverete consigli e suggerimenti pratici per prepararvi mentalmente e fisicamente all'approccio, per identificare i vostri punti di forza, per mostrare autenticità e sicurezza di sé, per affrontare il rifiuto e per lavorare sulla vostra autostima.
Ma non solo. Il libro offre anche consigli specifici su come approcciare gli altri in situazioni sociali specifiche, come una festa o un evento, in una situazione di lavoro o di studio, o anche attraverso le app di incontri e i social network.
Soprattutto, questo libro vuole trasmettere l'importanza della fiducia in sé stessi e della consapevolezza di sé come elementi essenziali

per un approccio efficace. Imparare le tecniche giuste è importante, ma credere in se stessi è l'elemento chiave per avere successo nell'approccio agli altri.

Spero che "Tecniche di approccio" possa essere un'utile guida per coloro che cercano di migliorare la loro abilità di approccio, e che possa offrire consigli pratici per costruire relazioni positive e significative con gli altri.

Capitolo 1

1 L'introduzione

E' la prima sezione di questo libro sulle tecniche di approccio, in cui si presenta il tema e l'importanza dell'approccio nella vita sociale e romantica.

In questa sezione, si definisce il concetto di approccio e si spiega come questo possa influire sulle relazioni interpersonali. Si evidenzia l'importanza di un approccio efficace nella vita sociale e romantica, sia per creare nuove amicizie che per instaurare una relazione amorosa.

Inoltre, si presenta l'obiettivo del libro, ovvero fornire al lettore una serie di tecniche di approccio efficaci, con l'obiettivo di aiutare chiunque a migliorare le proprie capacità sociali e ad instaurare relazioni più significative e soddisfacenti con gli altri.

L'approccio può essere definito come l'azione di avvicinarsi ad una persona o ad un gruppo di persone in modo da instaurare una relazione interpersonale. In ambito sociale, l'approccio è fondamentale per creare nuove amicizie,

instaurare nell'instaurare una relazione romantica duratura e soddisfacente.
In entrambi i casi, l'approccio richiede la capacità di comunicare in modo efficace, di gestire le proprie emozioni e di creare un'atmosfera positiva per l'altra persona. L'approccio può essere visto come una competenza sociale fondamentale per la creazione di relazioni interpersonali soddisfacenti e durature.
relazioni professionali e sviluppare   una rete di contatti. In ambito
romantico, l'approccio è un passo fondamentale per instaurare una relazione amorosa.
L'approccio può essere inteso come un'arte, che richiede la capacità di comunicare
efficacemente, di gestire le proprie emozioni e di creare un'atmosfera positiva e piacevole per l'altra persona. Le tecniche di approccio sono utilizzate per migliorare la capacità di avvicinarsi alle persone in modo efficace, con l'obiettivo di creare un rapporto duraturo e soddisfacente.

L'approccio è fondamentale sia nella vita sociale che in quella romantica, poiché rappresenta il primo passo per instaurare una relazione interpersonale. Nella vita sociale, l'approccio è importante per creare nuove amicizie, instaurare relazioni professionali e sviluppare una rete di contatti. Un approccio efficace permette di creare un'impressione positiva sugli altri, di comunicare in modo efficace e di sviluppare una relazione duratura.

Nella vita romantica, l'approccio rappresenta il passo fondamentale per instaurare una relazione amorosa. Un approccio efficace permette di creare un'atmosfera piacevole e di comunicare in modo efficace le proprie emozioni e sentimenti, aumentando le possibilità di successo

Capitolo 2

"Prepararsi all'approccio"

E' dedicata alla preparazione mentale e fisica necessaria per un approccio efficace. Innanzitutto, è importante avere una predisposizione mentale positiva all'approccio. Ciò significa mantenere un atteggiamento aperto e positivo verso gli altri, cercando di ridurre l'ansia e il nervosismo che possono limitare l'efficacia dell'approccio.

In secondo luogo, è importante curare l'aspetto fisico, poiché una cura adeguata dell'aspetto personale può aumentare l'autostima e migliorare le possibilità di successo nell'approccio. Questo non significa necessariamente avere un aspetto perfetto, ma piuttosto prestare attenzione a ciò che ci fa sentire a nostro agio e sicuri di noi stessi.

Inoltre, è fondamentale identificare i propri punti di forza e utilizzarli durante l'approccio. Questi possono essere caratteristiche personali come la simpatia, l'umorismo, la creatività o la capacità di ascolto attivo. Identificando i propri punti di forza e utilizzandoli nell'approccio, è possibile aumentare l'autostima e migliorare le possibilità di successo.

Infine, è importante gestire le proprie emozioni durante l'approccio. Ciò significa evitare di essere troppo ansiosi o nervosi, mantenere un atteggiamento aperto e positivo e gestire in modo efficace eventuali paure o insicurezze. Questo può essere fatto attraverso tecniche di rilassamento, come la respirazione profonda o la meditazione, o attraverso l'elaborazione di eventuali pensieri negativi prima dell'approccio.

La preparazione mentale è fondamentale per un approccio efficace. Ci sono diversi aspetti da considerare per prepararsi mentalmente all'approccio:

1. Ridurre l'ansia: l'ansia può limitare la capacità di comunicare in modo efficace e di creare un'impressione positiva sull'altra persona. Per ridurre l'ansia, è possibile utilizzare tecniche di rilassamento, come la respirazione profonda o la meditazione, o praticare attività che aiutano a rilassarsi, come lo yoga o lo sport.

2. Mantenere un atteggiamento aperto e positivo: l'approccio richiede un atteggiamento aperto e positivo verso gli altri. Ciò significa essere curiosi, interessati e disponibili ad ascoltare l'altra persona, senza giudicarla o criticarla.

3. Elaborare eventuali pensieri negativi: è importante elaborare eventuali pensieri negativi che possono limitare l'efficacia dell'approccio. Ciò può essere fatto attraverso la riflessione e l'analisi dei propri pensieri, cercando di identificare eventuali distorsioni cognitive e di sostituirle con pensieri più realistici e positivi.

4. Mantenere l'autenticità: è importante essere se stessi durante l'approccio, evitando di fingere o di assumere un atteggiamento che non corrisponde alla propria personalità. L'autenticità

permette di creare un rapporto interpersonale genuino e duraturo. Prepararsi mentalmente all'approccio richiede tempo e impegno, ma può aumentare notevolmente le possibilità di successo e di creare relazioni interpersonali soddisfacenti.

Ecco alcuni suggerimenti per curare l'aspetto esteriore:

1. Vestirsi adeguatamente: vestirsi in modo adeguato all'occasione può aiutare a sentirsi a proprio agio e a creare un'impressione positiva sull'altra persona. Ciò non significa necessariamente indossare abiti costosi o alla moda, ma piuttosto scegliere abiti che ci fanno sentire sicuri di noi stessi e confortevoli.

2. Prestare attenzione all'igiene personale: l'igiene personale è importante per un aspetto curato e pulito. Ciò include la cura dei capelli, la pulizia del viso e del corpo, l'uso di deodoranti e profumi, la cura delle unghie e dei denti.

3. Curare la postura: la postura può influenzare l'impressione che si dà agli altri e la propria autostima durante l'approccio. Mantenere una postura eretta e sicura di sé può aiutare a comunicare una sensazione di fiducia e di presenza.

4. Utilizzare il linguaggio del corpo: il linguaggio del corpo può comunicare molto durante l'approccio. Utilizzare gesti amichevoli, sorridere e mantenere il contatto visivo possono aiutare a creare un'atmosfera piacevole e di confidenza.

5. Essere in forma: essere in forma può aumentare l'autostima e la fiducia in sé stessi. Ciò non significa necessariamente essere magri o muscolosi, ma piuttosto praticare regolarmente attività fisica per mantenere il proprio corpo in salute.

Curare l'aspetto esteriore può aiutare a sentirsi a proprio agio e sicuri di sé durante l'approccio, aumentando le possibilità di successo e di creare relazioni interpersonali positive.
Identificare i propri punti di forza è un passo importante nella preparazione all'approccio. Conoscere i propri punti di forza può aumentare l'autostima e la fiducia in sé stessi durante l'approccio, permettendo di comunicare in modo più efficace e di creare un' impresione positiva sull'altra persona.
Ecco alcuni suggerimenti per identificare i propri punti di forza:

1. Riflettere su esperienze passate: pensare a esperienze passate in cui si è sentiti

particolarmente competenti o soddisfatti può aiutare a identificare i propri punti di forza. Ciò può includere attività lavorative, sociali o ricreative.

2. Chiedere il parere degli altri: chiedere il parere degli altri può aiutare a identificare i propri punti di forza da una prospettiva diversa. Ciò può essere fatto attraverso la richiesta di feedback da parte di amici, familiari o colleghi.

3. Valutare i propri interessi: i propri interessi possono fornire indicazioni sui propri punti di forza. Ciò che piace fare e che si fa con passione può spesso essere collegato ai propri talenti e alle proprie capacità.

4. Utilizzare test e questionari: esistono numerosi test e questionari online che possono aiutare a identificare i propri punti di forza. Questi strumenti sono basati sulla psicologia positiva e sulla teoria dei punti di forza, e possono essere un modo utile per scoprire le proprie risorse personali.

5. Identificare i propri punti di forza richiede un certo impegno, ma può essere molto utile per la preparazione all'approccio. Conoscere i propri punti di forza può aumentare l'autostima e la sicurezza durante l'approccio, permettendo di comunicare in modo più efficace e di creare relazioni interpersonali positive.

Capitolo 3

Le tecniche di approccio

Possono variare a seconda del contesto e dell'obiettivo dell'approccio. Tuttavia, esistono alcune tecniche generali che possono essere utilizzate per migliorare le possibilità di successo. Ecco alcune delle tecniche più comuni:

1. Eye contact: mantenere il contatto visivo durante l'approccio può aiutare a creare un legame immediato e ad esprimere sicurezza e interesse.

2. Sorridere: un sorriso genuino può creare un'atmosfera positiva e aperta, contribuendo a rompere il ghiaccio e a far sentire l'altra persona a proprio agio.

3. Fare domande: fare domande aperte può aiutare a mostrare interesse per l'altra persona e a stimolare la conversazione.
4. Ascoltare attivamente: ascoltare attentamente ciò che l'altra persona sta dicendo e rispondere in modo appropriato può creare una connessione più profonda e significativa.
5. Complimenti: fare un complimento genuino può far sentire l'altra persona apprezzata e valorizzata.
6. Utilizzare il linguaggio del corpo: il linguaggio del corpo può esprimere fiducia, interesse e apertura. Mantenere una postura eretta, utilizzare gesti aperti e muoversi con naturalezza può aiutare a comunicare in modo efficace.
7. Essere se stessi: essere autentici e genuini può essere molto attraente e permette di creare relazioni interpersonali più significative.

Le tecniche di approccio possono essere utilizzate in combinazione per creare un'esperienza di approccio più efficace e piacevole. È importante, tuttavia, ricordare che ogni persona e situazione è diversa, quindi è importante adattare le tecniche all'individuo e alla situazione specifici.

Iniziare la conversazione può essere difficile e spaventoso per molte persone, ma esistono alcune tecniche di apertura che possono rendere il processo più facile e meno stressante. Ecco alcune idee per iniziare la conversazione:

1. Commentare l'ambiente circostante: osservare l'ambiente circostante e commentare su qualcosa di interessante o insolito può essere un modo efficace per iniziare la conversazione. Ad esempio, "Mi piace molto la musica che stanno suonando qui. Ti piace anche a te?"

2. Domandare informazioni: chiedere informazioni su qualcosa può essere un modo non minaccioso per iniziare la conversazione. Ad esempio, "Scusa, sai dove si trova il bagno?" o "Mi piace molto la tua giacca, dove l'hai comprata?".

3. Condividere un'esperienza personale: condividere un'esperienza personale può aiutare a creare un legame immediato e a far sentire l'altra persona più vicina a te. Ad esempio, "Sono appena tornato da un viaggio a Bali, è stato incredibile. Hai mai visitato qualche posto esotico?".

4. Fare un complimento: un complimento genuino può far sentire l'altra persona apprezzata e valorizzata, aprendo la

strada alla conversazione. Ad esempio, "Hai un sorriso bellissimo" o "La tua presentazione è stata fantastica, mi hai davvero ispirato".

5. Utilizzare l'umorismo: utilizzare l'umorismo può alleviare la tensione e rendere l'approccio più divertente. Ad esempio, "Scusa, ma hai rubato il mio seggiolino? Non vedo l'ora di fare una reclamazione al personale del locale".

In generale, è importante essere spontanei e autentici durante l'approccio. Utilizzare una tecnica di apertura può aiutare a rompere il ghiaccio, ma è importante non sembrare troppo preparati o artificiosi. Una volta che la conversazione è iniziata, è importante continuare a mostrare interesse e ascoltare attentamente l'altra persona per creare un legame più profondo e significativo.

Mostrare interesse durante la conversazione è fondamentale per creare un legame significativo e far sentire l'altra persona apprezzata e valorizzata. Ecco alcune tecniche di ascolto attivo e domande mirate che possono aiutare a mostrare interesse durante la conversazione:

1. Fare domande aperte: fare domande aperte può aiutare a far emergere dettagli interessanti sulla vita e le esperienze

dell'altra persona. Ad esempio, "Che cosa ti piace fare nel tuo tempo libero?" o "Qual è la tua cosa preferita di questo posto?".

2. Ripetere e parafrasare: ripetere e parafrasare ciò che l'altra persona sta dicendo può dimostrare che stiamo effettivamente ascoltando e capendo ciò che stanno dicendo. Ad esempio, "Quindi dici che hai iniziato a praticare yoga per il tuo benessere mentale e fisico?".

3. Utilizzare il linguaggio del corpo: utilizzare il linguaggio del corpo per mostrare interesse, come mantenere il contatto visivo, annuire e sorridere, può far sentire l'altra persona ascoltata e rispettata.

4. Non interrompere: evitare di interrompere l'altra persona durante la conversazione può dimostrare rispetto e permettere loro di esprimersi completamente.

5. Esprimere empatia: esprimere empatia e comprensione verso i sentimenti e le esperienze dell'altra persona può creare un legame più profondo e significativo. Ad esempio, "Mi dispiace molto che tu abbia dovuto passare attraverso quella situazione difficile".

In generale, è importante essere autentici durante la conversazione e mostrare un interesse sincero per l'altra persona. Ascoltare attentamente e fare domande mirate può aiutare a creare un legame più forte e duraturo.

Essere autentici durante un approccio è fondamentale per mostrare la propria personalità e far emergere le proprie qualità uniche. Ecco alcuni modi per mostrare la propria personalità durante un approccio:

1. Sii onesto: sii onesto riguardo ai tuoi interessi, valori e opinioni. Non avere paura di esprimere le tue opinioni, anche se sono diverse da quelle dell'altra persona.
2. Utilizza l'umorismo: l'umorismo può essere un modo efficace per mostrare la propria personalità. Cerca di fare battute leggere e divertenti, ma evita di forzare la risata o di essere offensivo.
3. Sii spontaneo: sii spontaneo e reagisci alle situazioni in modo naturale. Non cercare di fingere o di imitare qualcun altro.
4. Sii te stesso: non cercare di essere qualcun altro. Sii orgoglioso delle tue qualità uniche e cerca di mostrarle durante la conversazione.
5. Condividi esperienze personali: condividi esperienze personali e aneddoti per far emergere la tua personalità. Cerca di evitare

di parlare solo di te stesso e di fare domande sull'altra persona.

In generale, essere autentici durante un approccio è importante per creare un legame genuino e duraturo con l'altra persona. Non cercare di fingere o di essere qualcun altro, ma sii te stesso e cerca di mostrare le tue qualità uniche in modo naturale.

Essere sicuri di sé è importante per mostrare determinazione e attrarre l'attenzione dell'altra persona durante un approccio. Ecco alcune tecniche che possono aiutare a mostrare sicurezza e determinazione durante un approccio:

1. Mantenere un buon contatto visivo: mantenere il contatto visivo durante la conversazione può mostrare sicurezza e interesse per l'altra persona.
2. Avere una postura eretta: una postura eretta e sicura di sé può trasmettere una sensazione di forza e determinazione.
3. Usare gesti decisi: utilizzare gesti decisi e sicuri può trasmettere sicurezza e determinazione. Evita di gestire troppo o di agitare le mani in modo nervoso.
4. Parlare in modo chiaro e deciso: parlare in modo chiaro e deciso può mostrare sicurezza

e determinazione. Evita di parlare troppo veloce o di balbettare.

5. Mostrare fiducia in se stessi: mostra fiducia in te stesso e nelle tue capacità. Non avere paura di esprimere le tue opinioni o di prendere iniziative.

6. Prenditi il tempo che ti serve: prenditi il tempo necessario per pensare a cosa vuoi dire e come vuoi presentarti. Non avere fretta di rispondere o di agire impulsivamente.

In generale, essere sicuri di sé durante un approccio è importante per mostrare determinazione e attrarre l'attenzione dell'altra persona. Cerca di mantenere una postura eretta e di usare gesti decisi, parla in modo chiaro e deciso e mostra fiducia in te stesso e nelle tue capacità. Prenditi il tempo che ti serve per presentarti nel modo migliore possibile.

Utilizza i tuoi interessi: utilizza i tuoi interessi come base per l'approccio. Ad esempio, se sei appassionato di fotografia, puoi chiedere all'altra persona se ha mai fatto un corso di fotografia o se ha qualche consiglio su come fare una bella foto.

1. Fai una battuta: una battuta divertente e originale può attirare l'attenzione dell'altra

persona. Cerca di fare una battuta che sia appropriata alla situazione e che mostri il tuo senso dell'umorismo.

2. Usa l'arte dell'improvvisazione: l'improvvisazione può essere un modo divertente per creare un'interazione originale con l'altra persona. Ad esempio, puoi chiedere all'altra persona di fare un gioco di improvvisazione con te.

3. Sperimenta con la linguistica: sperimenta con la linguistica e usa giochi di parole o rime per creare un approccio originale. Ad esempio, puoi dire "Mi chiamo Luca, ma mi piace anche Lucarelli" e chiedere all'altra persona il suo nome.

4. Crea un'atmosfera diversa: se sei in un ambiente monotono o noioso, puoi creare un'atmosfera diversa e originale. Ad esempio, puoi proporre di fare un gioco divertente o di provare un nuovo cocktail insieme.

In generale, essere creativi durante un approccio può essere un modo divertente e originale per catturare l'attenzione dell'altra persona. Utilizza i tuoi interessi come base per l'approccio, fai una battuta, sperimenta con la linguistica, usa l'arte dell'improvvisazione e crea un'atmosfera diversa per mostrare la tua creatività e divertirti insieme all'altra persona.

Capitolo 4

Gestire il rifiuto è una parte importante dell'approccio.

Non tutti saranno interessati a te o al tuo approccio, e può capitare di ricevere un rifiuto. Ecco alcune tecniche per gestire il rifiuto:

1. Accetta il rifiuto: la prima cosa da fare è accettare il rifiuto senza farne un dramma. Non prendertela personalmente e cerca di capire che l'altra persona potrebbe avere le sue ragioni per non essere interessata.
2. Ringrazia la persona: ringrazia l'altra persona per il tempo che ti ha dedicato e per aver ascoltato il tuo approccio. Mostrati educato e rispettoso.
3. Non insistere: non insistere con l'altra persona se ha detto di no. Rispetta la sua decisione e cerca di lasciare una buona impressione.
4. Non demordere: non lasciare che un rifiuto ti demoralizzi o ti faccia sentire sconfitto. Continua a lavorare sulla tua autostima e sulla tua capacità di approcciare le persone.
5. Riconosci il tuo valore: ricorda che il rifiuto non significa che tu sia una persona senza valore. Accetta che non tutte le persone sono

fatte per te e cerca di focalizzarti sui tuoi
punti di forza.

In generale, gestire il rifiuto richiede di
mantenere la calma, rispettare la decisione
dell'altra persona e lavorare sulla propria
autostima. Non demordere e cerca di
concentrarti sui tuoi punti di forza per migliorare
la tua capacità di approcciare le persone.

Affrontare il rifiuto può essere difficile,
soprattutto se sei una persona che mette il cuore
in ogni cosa che fa. Ecco alcuni consigli per
affrontare il rifiuto:

1. Accetta il rifiuto: la prima cosa da fare è
   accettare il rifiuto senza farne un dramma.
   Non prendertela personalmente e cerca di
   capire che l'altra persona potrebbe avere le
   sue ragioni per non essere interessata.
2. Non demordere: non lasciare che un rifiuto ti
   demoralizzi o ti faccia sentire sconfitto.
   Continua a lavorare sulla tua autostima e
   sulla tua capacità di approcciare le persone.
3. Non prendere il rifiuto come un giudizio sulla
   tua persona: il fatto che qualcuno non sia
   interessato a te o al tuo approccio non
   significa che tu sia una persona senza valore.
   Accetta che non tutte le persone sono fatte
   per te e cerca di focalizzarti sui tuoi punti di
   forza.

4. Chiedi feedback: se possibile, cerca di chiedere alla persona che ti ha rifiutato un feedback costruttivo sul tuo approccio. Questo ti aiuterà a capire se ci sono eventuali aspetti che devi migliorare per avere più successo in futuro.

5. Fai un passo indietro: se hai bisogno di tempo per elaborare il rifiuto, fai un passo indietro e concediti del tempo per te stesso. Non cercare di forzare le cose o di approcciare altre persone finché non ti senti pronto. In generale, affrontare il rifiuto richiede di mantenere la calma, rispettare la decisione dell'altra persona e lavorare sulla propria autostima. Continua a lavorare sui tuoi punti di forza e sulla tua capacità di approcciare le persone, e non demordere. Il successo arriva con la perseveranza e la determinazione.

L'autostima è fondamentale per affrontare la vita sociale e romantica con successo. Ecco alcuni consigli per lavorare sulla propria autostima:

1. Identifica i tuoi punti di forza: fai un elenco di tutte le tue qualità positive e concentra la tua attenzione su di esse.

2. Impara a perdonare te stesso: non lasciare che gli errori passati influenzino la

tua autostima. Impara a perdonare te stesso e ad accettare i tuoi limiti.

3. Prenditi cura di te stesso: curare il proprio aspetto esteriore è importante, ma anche il benessere interiore è fondamentale. Dedica del tempo a te stesso, facendo cose che ti piacciono e che ti fanno sentire bene.

4. Fai esperienze positive: cerca esperienze che ti fanno sentire bene e che ti permettono di fare esperienze positive. Questo ti aiuterà a sentirti più sicuro di te stesso e ad avere più fiducia nelle tue capacità.

5. Focalizzati sul presente: concentra la tua attenzione sul presente e non sul passato o sul futuro. Cerca di vivere al meglio il momento presente e di apprezzare ciò che hai e ciò che stai facendo.

6. Impara a gestire le critiche: le critiche possono essere costruttive o distruttive. Impara a gestirle ea prenderle come opportunità di miglioramento, senza farti influenzare negativamente.

7. Sii gentile con te stesso: non essere troppo duro con te stesso. Sii gentile e compassionevole, come lo saresti con un amico che sta attraversando un momento difficile.

Lavorare sulla propria autostima richiede tempo e impegno, ma ne vale la pena. Una buona autostima ti aiuterà ad affrontare le situazioni sociali e romantiche con più sicurezza e determinazione, aumentando le tue possibilità di successo.

Il rifiuto può essere doloroso, ma può anche essere un'opportunità per imparare da sé stessi e migliorarsi. Ecco alcuni consigli su come trarre insegnamenti dal rifiuto:

1. Analizza i motivi del rifiuto: cerca di capire le ragioni per cui sei stato rifiutato. Chiedi un feedback, se possibile, e cerca di comprendere cosa hai fatto o detto che ha portato al rifiuto.
2. Non prendertela personalmente: non c'è niente di sbagliato in te. Il rifiuto è spesso una questione di incompatibilità o di circostanze specifiche. Non prendertela personalmente, ma usa il rifiuto come un'opportunità per migliorare.
3. Fai tesoro dell'esperienza: anche se il rifiuto può essere doloroso, può anche essere un'esperienza di apprendimento. Usa l'esperienza per imparare qualcosa di

nuovo su te stesso e sulle relazioni in generale.
4. Cerca di trovare un punto di equilibrio: impara a trovare un punto di equilibrio tra l'autocritica e l'autocommiserazione. Non essere troppo duro con te stesso, ma non cercare di giustificare il rifiuto senza analizzarlo.
5. Migliora te stesso: usare il rifiuto come un'opportunità per migliorare. Cerca di lavorare sui tuoi difetti e di diventare la persona migliore che puoi essere.

In definitiva, il rifiuto può essere un'esperienza dolorosa ma anche utile per la crescita personale. L'importante è non arrendersi, ma cercare di imparare dalle esperienze negative per diventare una persona migliore e raggiungere i propri obiettivi.

Capitolo 5

Approccio online

Negli ultimi anni, gli approcci online sono diventati sempre più comuni, sia in termini di incontri romantici che di nuove amicizie. Ecco alcuni consigli per un approccio efficace online:

1. Usa una foto del profilo accattivante: la foto del profilo è la prima cosa che le persone vedono quando visitano il tuo profilo. Assicurati di usare una foto accattivante e di qualità per attirare l'attenzione degli altri.

2. Scrivi un profilo interessante: il tuo profilo dovrebbe essere breve ma coinvolgente. Descrivi te stesso in modo onesto e sincero, ma anche in modo interessante e creativo. Fai attenzione alla grammatica e all'ortografia.

3. Sii autentico: non cercare di essere qualcuno che non sei. Sii te stesso e mostra la tua personalità unica. In questo modo attirerai persone che apprezzano la tua autenticità.

4. Inizia la conversazione in modo appropriato: se decidi di inviare un messaggio a qualcuno, assicurati di iniziare la conversazione in modo appropriato. Leggi il loro profilo e cerca di trovare un punto in comune per rompere il ghiaccio.

5. Non essere troppo aggressivo: evita di essere troppo aggressivo o insistente nei tuoi approcci online. Sii rispettoso e gentile, e rispetta le scelte degli altri.

6. Usa le funzioni di chat e video: le funzioni di chat e video possono essere utili per approfondire la conoscenza dell'altra persona e per creare una connessione più forte.
7. Sii cauto: come sempre, quando si tratta di incontri online, è importante essere cauti e prestare attenzione alle truffe o ai profili falsi.

In definitiva, l'approccio online può essere un'opportunità eccitante per incontrare nuove persone, ma è importante farlo in modo responsabile e attento. Assicurati di essere te stesso, di rispettare gli altri e di avere un atteggiamento positivo.

L'approccio sui social network richiede molta attenzione, in quanto può essere facile essere fraintesi o fraintendere gli altri. Ecco alcuni consigli per un approccio efficace sui social network:

1. Leggi il profilo della persona: prima di inviare un messaggio a qualcuno, leggi il suo profilo per capire i suoi interessi, le sue opinioni e le sue attività preferite.
2. Sii autentico: come per l'approccio online in generale, è importante essere autentici

e mostrare la propria personalità. Non cercare di essere qualcuno che non sei.

3. Inizia la conversazione in modo appropriato: cerca di trovare un punto in comune con la persona con cui vuoi parlare per iniziare la conversazione. Evita di essere troppo aggressivo o insistente.

4. Usa un linguaggio appropriato: evita di usare linguaggio offensivo o volgare. Sii rispettoso e gentile, anche nei momenti di confronto o di disaccordo.

5. Sii aperto alla conversazione: ascolta l'altra persona e mostra interesse per quello che sta dicendo. Non interrompere e non giudicare prematuramente.

6. Sii cauto: come sempre, quando si tratta di incontri online, è importante essere cauti e prestare attenzione alle truffe o ai profili falsi. Fai attenzione a ciò che condividi e a chi concedi il tuo tempo.

7. Usa il giusto tono di voce: scrivere su un social network può essere difficile per chiunque, quindi è importante utilizzare il tono giusto. Cerca di mostrare il tuo umorismo e la tua personalità, ma senza essere troppo aggressivo o troppo serio.

In definitiva, l'approccio sui social network richiede molta attenzione e attenzione alla persona con cui si sta parlando. Assicurati di essere rispettoso, gentile e autentico, e sii sempre cauto e responsabile.

L'approccio tramite app di incontri è diventato molto popolare negli ultimi anni. Qui ci sono alcuni consigli per un approccio efficace:

1. Crea un buon profilo: il tuo profilo è la prima cosa che gli altri vedranno su un'app di incontri. Assicurati di scrivere una descrizione interessante e di caricare foto attraenti e recenti di te stesso.
2. Mostra interesse: se sei interessato a qualcuno, invia un messaggio breve e cordiale per iniziare la conversazione. Non scrivere messaggi copia-incolla, ma personalizzali in base al profilo dell'altra persona.
3. Sii autentico: come sempre, è importante essere autentici e mostrare la propria personalità. Non cercare di essere qualcuno che non sei.
4. Sii paziente: non aspettarti di trovare l'anima gemella subito. Le app di incontri richiedono tempo e pazienza. Non disperare se non ottieni risultati immediati.

5. Usa un linguaggio appropriato: come per l'approccio sui social network, è importante utilizzare un linguaggio appropriato e rispettoso. Evita di usare linguaggio offensivo o volgare.

6. Sii cauto: le app di incontri possono essere un terreno fertile per le truffe o le persone che non sono sincere. Fai attenzione a chi concedi il tuo tempo e non condividere informazioni personali troppo presto.

7. Chiedi di incontrarsi di persona: se la conversazione sta andando bene, non esitare a chiedere di incontrare la persona di persona. Tuttavia, fallo solo quando sei pronto e senti che la situazione è sicura.

In sintesi, l'approccio tramite app di incontri richiede un po' di pazienza e attenzione. Assicurati di creare un buon profilo, essere autentico e rispettoso, e sii sempre cauto e responsabile.

Ecco alcuni consigli su come gestire l'approccio online in modo efficace e sicuro:

1. Usa un sito o un'app affidabile: scegli un sito o un'app di incontri che abbia buone recensioni e che sia considerato affidabile.

2. Crea un profilo sicuro: non fornire informazioni personali troppo dettagliate nel tuo profilo, come il tuo indirizzo di casa o il numero di telefono.
3. Usa foto recenti: utilizza foto recenti e reali nel tuo profilo. Evita di utilizzare foto che non ti rappresentino o che siano troppo modificate.
4. Sii selettivo: non rispondere a tutti i messaggi che ricevi, ma seleziona attentamente chi vuoi rispondere e con chi vuoi iniziare una conversazione.
5. Usa un linguaggio appropriato: utilizza un linguaggio rispettoso e non volgare nei tuoi messaggi. Evita di inviare messaggi offensivi o aggressivi.
6. Chiedi informazioni: fai domande sulla persona con cui stai parlando per scoprire di più su di loro e per capire se sono sincere.
7. Fai attenzione alle bandiere rosse: presta attenzione alle bandiere rosse, come richieste di denaro o comportamenti sospetti.
8. Fai una videochiamata prima di incontrarti: prima di incontrarti di persona, fai una videochiamata per confermare l'identità della persona e per vedere se c'è una vera connessione.
9. Incontra la persona in un luogo pubblico: se decidi di incontrare la persona di persona,

fallo in un luogo pubblico e familiare. Informa un amico o un familiare del tuo appuntamento.

10. Sii consapevole dei tuoi limiti: fai attenzione ai tuoi limiti e non fare nulla che ti faccia sentire a disagio.

In sintesi, l'approccio online può essere efficace e sicuro se sei consapevole dei tuoi limiti e se adotti precauzioni per proteggere te stesso. Sii sempre rispettoso e selettivo, fai attenzione alle bandiere rosse e incontra la persona in un luogo pubblico e familiare.

Capitolo 6

Approccio in situazioni sociali specifiche

Ci sono diverse situazioni sociali in cui l'approccio può essere diverso a seconda del contesto. Ecco alcune tecniche per gestire l'approccio in situazioni sociali specifiche:

1. Approccio in un bar o in un club: in queste situazioni, l'approccio può essere più diretto e fisico, con un'attenzione particolare al linguaggio del corpo. Puoi utilizzare tecniche di apertura come il commento su un drink o sulle vibrazioni del locale, ma sii anche

consapevole del fatto che molte persone in questi contesti possono essere meno interessate a conversazioni profonde e più orientate al divertimento.

2. Approccio durante eventi sociali: durante eventi sociali come feste, cene o occasioni di lavoro, l'approccio può essere più formale e meno diretto. Puoi iniziare la conversazione con una domanda sul lavoro o sugli interessi della persona, evitando argomenti troppo personali o controversi. Fai attenzione anche alla postura e alla presentazione personale, cercando di apparire sicuro di te e interessante.

3. Approccio a un conoscente: in queste situazioni, è importante essere rispettosi e non invadenti. Puoi iniziare la conversazione con un saluto cordiale e chiedere come sta andando la vita della persona, mostrando interesse genuino. Evita di parlare solo di te stesso e cerca di essere un buon ascoltatore.

4. Approccio a un evento sportivo o culturale: in queste situazioni, l'approccio può essere più informale e basato sull'interesse comune per lo sport o la cultura. Puoi iniziare la conversazione con un commento sull'evento o sulla squadra, mostrando interesse e condividendo la tua passione.

In generale, l'approccio in situazioni sociali specifiche dipende dal contesto e dalle persone coinvolte. È importante essere rispettosi, mostrare interesse genuino e cercare di creare una connessione basata sugli interessi comuni.

Approcciare qualcuno durante una festa o un evento può sembrare una situazione complicata, ma in realtà può essere una grande opportunità per incontrare nuove persone. Ecco alcuni suggerimenti per gestire l'approccio in una festa o in un evento:

1. Sii aperto e amichevole: il tuo atteggiamento amichevole e aperto può fare la differenza. Sorridi, saluta le persone e mostra interesse per quello che dicono.
2. Fai una buona prima impressione: l'aspetto conta e può aiutarti a fare una buona prima impressione. Vesti in modo adeguato all'evento e fai attenzione alla tua igiene personale.
3. Approccia le persone in modo appropriato: evita di essere invadente o di sembrare troppo aggressivo. Inizia la conversazione con un commento sulle circostanze dell'evento o su un argomento interessante. Cerca di mostrare sincerità e di fare domande aperte.

4. Cerca di creare connessioni: cerca di trovare interessi comuni con le persone che incontri e di creare una connessione. Puoi fare riferimento a film, libri, hobby o altre attività che entrambi apprezzate. In questo modo, potrai iniziare a conoscere meglio le persone e creare un rapporto di amicizia o di interesse romantico.

5. Sii te stesso: infine, sii sempre te stesso. Mostra la tua personalità e non avere paura di esprimere le tue opinioni. La gente apprezza l'autenticità e l'onestà.

Approcciare qualcuno in una situazione di lavoro o di studio può essere difficile, ma è possibile farlo in modo efficace e professionale. Ecco alcuni suggerimenti per gestire l'approccio in una situazione di lavoro o di studio:

1. Sii rispettoso: quando ti avvicini a qualcuno in una situazione di lavoro o di studio, è importante mostrare rispetto e professionalità. Usa un linguaggio formale e evita di essere troppo informale o familiare.

2. Presentati e fai conoscenza: presentati brevemente e chiedi il nome della persona che stai incontrando. Puoi anche chiedere informazioni sul suo lavoro o sugli studi che

sta seguendo. Cerca di trovare interessi comuni.

3. Cerca di fare conversazione: puoi iniziare la conversazione con un commento sull'attività lavorativa o di studio in corso. Cerca di fare domande aperte e di mostrare interesse per quello che la persona sta dicendo. Evita di parlare troppo di te stesso o di divagare su argomenti che non hanno a che fare con la situazione.

4. Cerca di creare un rapporto professionale: se stai approcciando qualcuno in una situazione di lavoro o di studio, è importante creare un rapporto professionale. Cerca di parlare di argomenti che riguardano la situazione e di trovare modi per collaborare in modo efficace.

5. Mostra la tua competenza: se stai approcciando qualcuno in una situazione di lavoro o di studio, è importante mostrare la tua competenza e conoscenza dell'argomento. Cerca di offrire soluzioni ai problemi o suggerimenti utili. In questo modo, potrai dimostrare che sei un professionista competente e affidabile.

Capitolo 7

<u>Conclusioni</u>

L'approccio è una competenza importante nella vita sociale e romantica, ma anche nel lavoro e nello studio. Richiede preparazione mentale, cura dell'aspetto esteriore e la capacità di mostrare la propria personalità e sicurezza. È importante essere autentici e creativi, ma anche saper gestire il rifiuto. L'approccio online presenta delle sfide specifiche, ma può essere gestito in modo efficace e sicuro. Infine, in una situazione di lavoro o di studio, è importante mostrare rispetto, creare un rapporto professionale e dimostrare competenza e conoscenza dell'argomento. Con la pratica e il giusto atteggiamento, l'approccio può diventare una competenza naturale e utile nella vita quotidiana

Le tecniche di approccio possono essere sintetizzate in diverse fasi:

1. Prepararsi mentalmente e fisicamente all'approccio.
2. Identificare i propri punti di forza e valorizzarli.
3. Utilizzare tecniche di apertura per iniziare la conversazione.

4. Mostrare interesse attraverso il dialogo attivo e le domande mirate.
5. Essere autentici, mostrando la propria personalità.
6. Essere sicuri di sé, dimostrando determinazione e sicurezza.
7. Essere creativi e originali nell'approccio.
8. Saper gestire il rifiuto, trarne insegnamento e migliorarsi.
9. Approcciare in modo efficace e sicuro online.
10. Adattarsi alle situazioni sociali specifiche, come le feste o le situazioni di lavoro o di studio.

La pratica di queste tecniche può migliorare la propria capacità di socializzare e creare relazioni significative con gli altri.

L'approccio agli altri può essere difficile e spaventoso, ma imparare le tecniche giuste può fare la differenza tra una conversazione positiva e una negativa. Tuttavia, la fiducia in sé stessi è l'elemento chiave per un approccio efficace.
La fiducia in sé stessi viene costruita attraverso l'esperienza, l'impegno e la consapevolezza di sé. Non importa quanto tu sia abile nella conversazione o quanto conosci le tecniche di

approccio, se non credi in te stesso, non riuscirai ad avere successo nell'approccio agli altri.
Ricorda che tutti hanno dei difetti, ma è proprio attraverso questi che siamo unici e speciali. Sii fiero di te stesso e delle tue qualità, e non aver paura di mostrare la tua personalità. L'approccio agli altri è solo il primo passo, ma se lo fai con sincerità, apertura e fiducia in te stesso, può portare a relazioni positive e significative.

Ringraziamenti

Vorrei ringraziarti di cuore per aver scelto di leggere questo libro sulle tecniche di approccio. Spero che le informazioni contenute in queste pagine ti siano state utili e ti abbiano permesso di migliorare le tue capacità sociali e relazionali. Voglio anche ringraziare coloro che mi hanno supportato durante la stesura di questo libro. In primo luogo, ringrazio la mia famiglia e i miei amici per il loro sostegno costante e la loro pazienza mentre lavoravo a questo progetto. Ringrazio anche i miei colleghi e i miei mentori che mi hanno ispirato con il loro esempio e mi

hanno aiutato a sviluppare le mie competenze in questo campo.
Un ringraziamento speciale va a tutti coloro che hanno partecipato ai miei corsi di formazione e alle mie conferenze, che mi hanno dato l'opportunità di condividere le mie conoscenze e di imparare da loro.
Spero che tu possa mettere in pratica le tecniche di approccio descritte in questo libro e che ti portino a relazioni significative e appaganti.
Grazie ancora per aver letto questo libro e per il tuo interesse nell'approccio alle persone.
Cordiali saluti

" Il don Giovanni"